Spiele für drinnen

Einfach gut erklärt von Lucia Fischer,
mit Bildern von Stefanie Scharnberg

Spielen macht Spaß

Egal ob es regnet oder die Sonne scheint und egal ob allein, zu zweit oder mit vielen anderen Kindern – spielen kannst du fast immer und überall.

Für die Spiele in diesem Buch brauchst du ein paar Freunde und einige Kleinigkeiten, die ihr wahrscheinlich zu Hause habt.

Ja – Nein – Ich

Ein Spieler stellt reihum drei Fragen,
die nicht beleidigend oder verletzend sein dürfen.
Die erste muss mit „Ja", die zweite mit „Nein"
und die dritte mit „Ich" beantwortet werden. Wer
gute Fragen stellt, erfährt verblüffende Dinge …

Spiele erfinden

Spieleautoren sind Menschen, deren Beruf es ist, sich Spiele auszudenken. Hast du eine Idee für ein Spiel? Dann schreib sie auf und probier das Spiel mit deinen Freunden aus. Bestimmt hakt es am Anfang an ein paar Stellen, dann ändere es. Spieleautoren brauchen Geduld.

Wie alt ist welches Spiel?

Schach (500 n. Chr.)

Mühle (2000 v. Chr.)

Backgammon (3000 v. Chr.)

Mikado (100 v. Chr.)

Manche **Tischspiele**, also Spiele, die an einem Tisch gespielt werden, sind sehr alt. Backgammon ist mit 5000 Jahren eines der ältesten Spiele der Welt. Auch Würfel gibt es schon seit dieser Zeit. Für Backgammon und andere Spiele benötigst du ein **Spielbrett** und **Steine** oder **Figuren**.

Monopoly (1904)

Mensch ärgere dich nicht (1907)

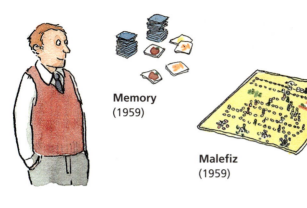

Memory
(1959)

Malefiz
(1959)

Spiele wie Domino oder Memospiele werden ohne Spielbrett mit besonderen **Spielsteinen** oder **Spielkärtchen** gespielt.

Schon gewusst?

Das Wort „Spiel" kommt von dem gut 1000 Jahre alten Wort „Spil". „Spil" war …
a) eine Tanzbewegung.
b) ein grünes Monster.
c) jemand, der ständig spülte.

Lösung: a)

Die Siedler von Catan
(1995)

Als Oma klein war …

Mehlschneiden

Ein **Teller mit Mehl** steht auf dem Tisch. Auf der Spitze des Mehlbergs steckt **ein kleines Stück Schokolade**. Ihr schneidet nun der Reihe nach ein bisschen Mehl mit dem **Messer** ab. Wer so schneidet, dass die Schokolade dabei wackelt, muss das Schokoladenstück mit dem Mund aufnehmen, die Hände darf er nicht benutzen.

Teekesselchen (ab drei Spieler)

Zwei Spieler überlegen sich zusammen ein „Teekesselchen". Ein Teekesselchen ist ein Wort, das zwei oder mehr Bedeutungen hat. Mit „Birne" ist zum Beispiel das Obst gemeint und die Glühbirne.
Dann unterhalten sich die beiden Spieler vor den Mitspielern über ihr „Teekesselchen". Der eine sagt etwa: „Mein Teekesselchen schmeckt lecker."
Der andere: „Mein Teekesselchen wird warm."
Wer das Teekesselchen erraten hat, darf sich ein neues ausdenken und mit einem Spielpartner die nächste Runde spielen.

Kennst du diese Teekesselchen?
Finde die Paare.

Sprachspiele

Anzeige aufgeben

zu verkaufen:
1 Fahrrad
rot, mit zwei
Rädern und
Klingel, 50 €

1 Schlafpuppe
mit 2 Zöpfen

Jeder hat **Stifte** und **Papier** vor sich.
Auf dem Blatt stehen nebeneinander
„Gegenstand", „Eigenschaften" und „Preis".
Ihr schreibt in die erste Spalte einen Gegenstand.
Dann faltet alle ihr Blatt so um, dass „Eigen-
schaften" vorn erscheint und „Gegenstand" nicht
mehr zu sehen ist. Jetzt gebt ihr eure geknickten
Zettel an den Nächsten weiter, und alle tragen
drei bis fünf Eigenschaften ein. Dann wird der
Zettel wieder geknickt und weitergegeben. Als
Nächstes trägt jeder einen Preis ein – ohne zu
sehen, wofür. Am Ende lest ihr die Anzeigen vor.

Sprachwirrwarr (ab drei Spieler)

Ein Kind geht raus. Die anderen einigen sich auf ein längeres Wort und trennen es in Silben, zum Beispiel Tau-cher-bril-le. Die Silben verteilt ihr in der Gruppe. Wenn das Kind wieder reinkommt, singt, ruft oder spricht jeder nur seine Silbe, die einen also „Tau-Tau-tau", die anderen „bril-bril-bril" und so weiter. Das Kind versucht, das Wort zu erkennen.

Geschickt gespielt

Strohhalmstaffel (ab sechs Spieler)

Ihr bildet zwei Gruppen und stellt euch in eine Reihe. Jedes Kind bekommt einen **Strohhalm** und das erste Kind jeder Gruppe ein **kleines Stück Seidenpapier**. Auf „Los!" saugen die beiden Ersten das Papier an den Strohhalm. Ohne die Hände zu benutzen, geben sie das Papier an den nächsten Mitspieler. Der saugt es mit seinem Strohhalm fest und gibt es auf die gleiche Weise weiter. Fällt das Papier runter, muss wieder von vorn begonnen werden. Es gewinnt die Mannschaft, bei der das Papier zuerst den hintersten Spieler erreicht.

Buch balancieren (ab vier Spieler)

Ihr bildet zwei Mannschaften und stellt euch hintereinander auf. Der erste Spieler jeder Mannschaft bekommt ein **Buch** auf den Kopf gelegt. Ohne es festzuhalten, laufen diese beiden auf das Startkommando eine bestimmte Strecke, etwa ins Wohnzimmer und wieder zur Mannschaft. Wer das Buch verliert, muss zurück zum Start. Welche Gruppe ist die schnellere?

Blödelspiele

Spiegelbild

Zwei Spieler stehen sich gegenüber.
Einer macht langsam Bewegungen
vor. Der andere macht alles genau nach.
Mit der Zeit können die Bewegungen
und Grimassen verrückter werden.
Nach einer Weile tauscht ihr die Rollen.

Onkel Otto ist krank

Alle Spieler klemmen sich einen großen **Keks** zwischen die Zähne. Der erste Spieler erzählt: „Onkel Otto ist krank." Die anderen fragen möglichst sorgenvoll und trotz des Kekses deutlich: „Was hat er denn?" Jetzt nennt der erste Spieler eine Krankheit, etwa „Bauchweh". Dann sagt der nächste Spieler: „Onkel Otto ist krank", und die anderen fragen, was ihm fehlt. Der Spieler antwortet mit der ersten Krankheit und fügt noch eine zweite hinzu, vielleicht auch eine ausgedachte wie Knieschnupfen. So wird die Liste der Krankheiten immer länger. Wenn die Kekse aufgeweicht und gegessen sind, ist das Spiel zu Ende.

Pfänderesel

Aus vielen Spielen lassen sich Pfänderspiele machen. Dann gibt der Verlierer bei Spielende ein **Pfand** ab, etwa eine Haarspange oder eine Socke. Alle Pfänder werden am Ende zurückgegeben – allerdings müssen ihre Besitzer dafür eine kleine Aufgabe erfüllen. Dabei kann der Pfänderesel helfen: Ein Kind ist der Pfänderesel. Es kniet sich hin und schließt die Augen. Ein anderes klopft auf seinen Rücken, hält ein Pfand hoch und sagt:

Eselchen, Eselchen, ich hab ein Pfand in meiner Hand. Was soll der tun, dem dieses Pfand gehört?

Das Eselchen muss nun eine Aufgabe nennen.

Wer sein Pfand zurückhaben möchte, muss eine Aufgabe erfüllen.

Aufgaben zum Pfänder-Auslösen:

- Auf einen Stuhl steigen und 3 x laut krähen
- Beim Nachbarn klingeln und um ein Ei bitten
- Auf einem Bein um den Tisch hüpfen
- Wie ein Hund bellen
- Ein Gedicht aufsagen
- Wie ein Frosch hüpfen

Ratespiele

Scharade (ab vier Spieler)

Ihr bildet zwei Gruppen. Jedes Kind **schreibt** auf einen **Zettel** einen Begriff, zum Beispiel Löwe, Mühle oder Lehrer. Dann ziehen alle einen Zettel der anderen Gruppe. Was darauf steht, ist geheim! Das erste Kind muss jetzt den Begriff auf seinem Zettel ohne zu sprechen darstellen und von der eigenen Gruppe in höchstens fünf Minuten erraten lassen. Danach wechseln die Gruppen. Welche Gruppe errät die meisten Begriffe?

Detektiv (ab drei Spieler)

Ein Kind ist der Detektiv und geht vor die Tür. Vorher schaut es sich die Mitspieler genau an. Hat es das Zimmer verlassen, verändern sich die Zurückgebliebenen – etwa indem sie Schuhe oder Kleidungsstücke tauschen. Dann wird der Detektiv hereingerufen. Findet er alle Veränderungen? Und weiß er, zu wem welches Kleidungsstück eigentlich gehört?

Schon gewusst?

Wie wird ein Detektiv auch genannt?
a) Glotzauge
b) Großmaul
c) Spürnase

Lösung: c)

Malspiele

Blinde Maler

Für dieses Spiel braucht ihr **Papier, Stifte** und eine **Augenbinde**. Jeder Spieler versucht, mit verbundenen Augen ein Tier zu zeichnen. Anschließend schaut ihr gemeinsam eure Werke an. Welche Tiere erkennt ihr? Und wer hat das lustigste Bild gemalt? Ihr könnt auch alle das gleiche Motiv malen und eure Bilder dann vergleichen.

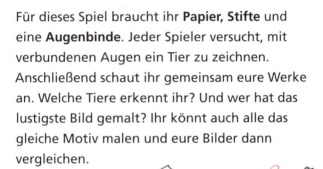

Knickbildtiere

Jeder Spieler hat ein **Blatt** und **Stifte**. In der ersten Runde malen alle den Kopf eines Tieres bis zum Hals. Dann knickt ihr das Bild so, dass nur noch ein kleines Stück Hals zu sehen ist, und gebt es nach rechts weiter. In der nächsten Runde malt jeder einen Tierkörper. Dann knickt ihr wieder um und gebt weiter. Zuletzt malt ihr die Beine eines Tiers. Jetzt klappt ihr das Bild auf – und bestaunt den Bärenkuhfisch und andere seltene Tiere. Ihr könnt auch Menschen malen und mehr Abschnitte knicken, etwa für Hut – Kopf – Hals– Rumpf – Beine – Füße.

Würfelspiele

Hausnummern würfeln

Alle Spieler versuchen, eine möglichst hohe „Hausnummer" zu **würfeln**. Jeder hat drei Würfe und ihr würfel nacheinander. Nach dem Würfeln entscheidet der Spieler, ob die von ihm gewürfelte Zahl ein Hunderter, Zehner oder Einer wird. Beim zweiten Wurf bleiben für jeden noch zwei Möglichkeiten. Beim dritten steht die Hausnummer fest. Wer am Ende die höchste Nummer hat, gewinnt.

Schokoladenwettessen

Ihr **würfelt** reihum. Wer eine Sechs schafft, schlüpft schnell in **Handschuhe, Mütze** und **Schal**. Erst dann darf er versuchen, die **gut verpackte Schokolade** mit **Messer** und **Gabel** auszupacken und von ihr zu essen. Die anderen würfeln weiter. Sobald der Nächste eine Sechs hat, muss alles an ihn weitergegeben werden und er darf von der Schokolade essen.

Schon gewusst?

Wie werden die Punkte auf Würfeln auch genannt?
a) Augen
b) Nasen
c) Ohren

Lösung: a)

Tanzspiele

Orangentanz (ab vier Spieler)

Ihr stellt euch paarweise auf. Jedes **Paar** klemmt sich eine **Orange** zwischen die Stirnen. Wenn die **Musik** angeht, wird Stirn an Stirn getanzt. Wer dabei die Orange verliert oder mit den Händen berührt, scheidet aus. Das Paar, das am längsten mit Orange tanzen kann, hat gewonnen.

Nasentanz

Statt Orangen könnt ihr auch **Streichholzschachteln** nehmen. Jedes Paar klemmt eine zwischen die Nasen.

Zeitungstanz (ab vier Spieler)

Jedes **Tanzpaar** bekommt eine **Zeitung**, legt sie auf den Boden und stellt sich darauf. Sind alle bereit, geht die **Musik** an und es wird getanzt. Die Ränder der Zeitung dürfen dabei nicht übertreten werden. Stoppt die Musik, falten die Tanzpaare die Zeitung zur Hälfte zusammen und weiter geht es auf der verkleinerten Tanzfläche. Bei jeder Unterbrechung wird die Zeitung nochmals halbiert – die Tanzfläche wird immer kleiner. Welches Paar kann am längsten tanzen, ohne über den Rand zu treten?

Spiele für die Sinne

Mit den Händen sehen (ab drei Spieler)

Ein Kind lässt sich die Augen verbinden und wird ein paar Mal um die eigene Achse gedreht, damit es nicht mehr genau weiß, wo es hinschaut. Die anderen sitzen im Kreis und sind mucksmäuschenstill. Das Kind mit der Augenbinde tastet sich nun zu einem der Kinder vor und versucht zu ertasten, wer dieses Kind ist. Wenn es richtig geraten hat, übernimmt das erratene Kind als Nächstes die Augenbinde.

Probier mal

Für dieses Spiel braucht ihr jemanden, der auf einem **Tablett** viele **Teller** oder **Schüsselchen** mit **essbaren Dingen** vorbereitet, zum Beispiel Käsewürfel, Apfelstückchen, Lakritz, Ketchup, Nüsse, Gummibärchen, Kohlrabi, Joghurt.
Mit geschlossenen Augen oder einer Augenbinde dürfen nun alle Mitspieler nacheinander raten, was ihnen zum Probieren gereicht wird. Wer das meiste am Geschmack erkennt, hat gewonnen.

Pixi Wissen Rätselseite

1. Katharina, Celina und Lennart suchen den Weg zur Schokolade, die sie für das Wettessen brauchen. Welcher Weg führt ans Ziel?

Lösung

1. C
2. Topfschlagen
3. Würfel, Karten, Musik, Freunde

2. Um welches Spiel geht es hier? Setze die Buchstaben der abgebildeten Dinge zusammen. Wenn zum Beispiel 1 und 2 durchgestrichen sind, gehören der erste und zweite Buchstabe des Gegenstands nicht zum gesuchten Wort.

Lösungswort:

3. Wenn du die Buchstaben in die richtige Reihenfolge bringst, erhältst du die Namen von Dingen, die du zum Spielen brauchen kannst.

LÜRFEW

NAKTER

KUSIM

RENFUDE

Pixi Wissen Quiz

1. Ein bekanntes Spiel, das rund um einen Tisch gespielt wird, heißt ...

a) Waffelnhusten.
b) Wattepusten.
c) Wasserprusten.

2. Was wird bei manchen Spielen abgegeben, was du später wieder zurückbekommst?

a) Geschenke
b) Pfänder
c) Altes Kaugummi

3. Was ist „Scharade"?

a) Eine afrikanische Stechmücke
b) Ein Pantomime-Spiel
c) Ein Brettspiel

4. Wie lautet der Name eines bekannten Kartenspiels?

a) Wau Wau
b) Piep Piep
c) Mau Mau

5. Das Spiel Mikado wurde benannt nach ...

a) einem japanischen Kaiser.
b) einer österreichischen Prinzessin.
c) einem chinesischen Dieb.

6. Bei Memo-Spielen werden Karten paarweise aufgedeckt und es kommt darauf an, sich ihre Lage zu merken. Memory ist das englische Wort für ...

a) Paar.
b) Sieb.
c) Gedächtnis, Erinnerung.

7. Bei welchem Spiel kann man vom Lachen ein weißes Gesicht bekommen?

a) Mehlschneiden
b) Wattepusten
c) Luftballontanz

8. Für welches Spiel brauchst du kariertes Papier?

a) Obstkorb
b) Käsekästchen
c) Brotdose

Lösung: 1b 5a 2b 6c 3b 7a 4c 8b

Pixi Wissen präsentiert

Bd. 1
Pferde und Ponys
ISBN 978-3-551-24051-4

Bd. 2
Piraten
ISBN 978-3-551-24052-1

Bd. 3
Die Erde
ISBN 978-3-551-24053-8

Bd. 10
Planeten und Sterne
ISBN 978-3-551-24060-6

Bd. 11
Das Meer
ISBN 978-3-551-24061-3

Bd. 13
Ritter
ISBN 978-3-551-24063-7

Bd. 17: Tiere in Garten
und Wald
ISBN 978-3-551-24067-5

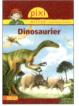

Bd. 21
Dinosaurier
ISBN 978-3-551-24071-2

Bd. 22
Das Wetter
ISBN 978-3-551-24072-9

Bd. 23
Fußball
ISBN 978-3-551-24073-6

Bd. 24
Streiten und Vertragen
ISBN 978-3-551-24074-3

Bd. 25
Mein Körper
ISBN 978-3-551-24075-0

Bd. 28
Eisenbahn
ISBN 978-3-551-24078-1

Bd. 30
Unsere Tiere
ISBN 978-3-551-24080-4

Bd. 33
Strand und Watt
ISBN 978-3-551-24083-5

Bd. 37
Experimente mit Wasser
ISBN 978-3-551-24087-3

Bd. 45: Gesund essen und trinken
ISBN 978-3-551-24095-8

Bd. 49
Die Jahreszeiten
ISBN 978-3-551-24099-6

Bd. 58
Titanic
ISBN 978-3-551-24108-5

Bd. 59
Säugetiere
ISBN 978-3-551-24109-2

Bd. 60
Comic und Manga
ISBN 978-3-551-24110-8

Bd. 61
Deutschland
ISBN 978-3-551-24111-5

Bd. 62
Eltern
ISBN 978-3-551-24112-2

Bd. 63
Steinzeit
ISBN 978-3-551-24113-9

Bd. 64
Spiele für draußen
ISBN 978-3-551-24114-6

Bd. 66
Zaubertricks
ISBN 978-3-551-24116-0

Bd. 67
Papierflieger
ISBN 978-3-551-24117-7